# 財布の神さまと仲良くしなさい

愛もお金も引き寄せたいなら

開運コンサルタント 浅野美佐子

JN165272

すばる舎

# はじめに

この本は、お財布1つで人生が好転する方法、を書いた本です。

なぜ、今お財布なのか？

仮想通貨、ビットコイン——もしかしたらお金がなくなる時代、お財布がなくなる時代が来るかもしれません。

なのになぜ、今さらお財布？　不思議に思うかもしれません。


人はいつも向上心があって、よりいっそう良くなりたいと思って、当たり前。

そう思っている人のほうが多いと思います。

そんなとき、毎日毎日使うお財布が、あなたの人生を変えてくれるなら、あなたの未来をよりいっそう素晴らしいものにするなら素敵だと思いませんか？　素晴らしいと思いませんか？

とっても簡単に、それができるんです。

あなたが人生を好転させたいとき、あなたが素晴らしい未来を創りたいとき、あなたの目の前にあるお財布1つで人生が変わるんです。人生が好転するんです。

これは私が15年間7千人以上のお客さまの鑑定をさせていただいたこと、そして、さかのぼること30年前のＯＬ時代からお仕事で関わらせていただいた経営者さま、お客さま、1万人以上の方のお財布を見てきて、わかったことです。そのなかでも確実に効果のあることを、本書でお伝えします。

もし今あなたが、今以上に素晴らしい人生を送りたい！　今以上に素晴らしい未来を創りたい！と願っているのであれば、手に取って読んでいただければと思います。

そして、一番お伝えしたいことは、

財布には神さまがいる――

ということです。

お財布に神さまが宿ると、人生は不思議なくらいドンドンと好転します。人生が波に乗るのです。

それは、ブランドもののお財布を特別に買うからとか、そういう話ではありません。お財布とお金の関係の神髄を知ること、お財布には神さまが宿るということ、この摩訶不思議な関係が心底腑に落ちたとき、あなたの人生は、未来はドンドン好転していきます。人生の違う扉が開きます。

私がこれまで運命鑑定してきた方や、私の「開運財布講座」に参加している方のなかにも、人生が劇的に変わった方、人生のステージがドーンと上がった方がたくさんいます。

きっとあなたも、人生が１８０度変わるくらいの衝撃を受けるかもしれません。

でも、すること、やることはいたってシンプル。

難しいことはありません。

本書に従って、財布の神さまと仲良くなるだけです。


では、どうすれば財布の神さまと仲良くなれるのか？

これまで7千人以上の運命鑑定をし、1万人以上のお財布を見てきた経験から、本書で詳しくお伝えしていきます。


財布の神さまと仲良くすることができれば、あなたの人生は必ず好転します。

今もきっと素晴らしいあなたなら、さらにさらに上に、そして迷っているあなたなら、ドカンと人生が好転するでしょう。


とはいえ、「私のお財布に神さまが……」なんて信じられませんよね。

でも、あなたのお財布にも、私のお財布にも、財布の神さまは宿っているのです。

気がつかないうちに、神さまが宿っているお財布の方も実はたくさんいるんです。

とくに、人生やお仕事で大成功している方ほど、無意識のうちに財布の神さまと仲良くしています。

そう、誰にもできる簡単なことなのです。

これから本編で、たっぷりお話ししていきましょう。

もし、あなたが人生を好転させたい、愛もお金もどんどん引き寄せたい、そう思っているなら、ちょっと試してみませんか？

２０１８年３月吉日

開運コンサルタント　浅野美佐子

# 第2章

# 財布の神さまを遠ざける人の悪い習慣

## 要チェック！

# 第3章

# 財布の神さまと仲良くなりたいなら、「お金大好き宣言」をしなさい

第4章

# コレで急接近！財布の神さまに愛される7つのリスト

## 第5章 人生の波にドンドン乗れる財布の買い方、整え方

第6章

# ケース別！ 幸運を引き寄せる 財布の選び方

ブックデザイン／小口翔平＋喜來詩織（tobufune）
カバー写真／Petar Chernaev/gettyimages

# 第1章

# 財布1つで人生も金運も上昇する!

001

# 財布には、神さまが宿っている

## お金持ちの財布はピカピカ光っている

人生って不思議です。

同じようにお仕事をして、同じようにお給料をもらって、あんまり変わらない生活なのに、お金がドンドン貯まる人、お金が貯まらない人がいます。


同じようにしているのになぜ？？？

そう思ったことはありませんか？


これって、実は、からくりがあるんです。


私はこれまで、**7千人以上の運命と、1万人以上のお財布を見てきました。**

たとえば、20代の頃は、デパートで外資系の化粧品を販売していたご縁で、外商のお客さま、今でいうセレブなお客さまと接する機会が多くありました。

当時、世はバブル。キラキラです。

私は見るもの、触れるもの、すべてが欲しいと思っていました。

自分の買える範囲内でブランドものを買ったり、そのご縁でお金持ちの方との出会いがたくさんありました。

そして、お付き合いが深まるうちに、**お金持ちやセレブな方の共通点に気づいたのです。**

それはズバリ、

**お財布がとってもキレイ――**

ということです。

磨いているのかというくらい、**お財布がピカピカ**なんです。

なかのお札はすべて新札、お財布にはお札しか入っておらず、小銭は別持ちです。

カードは1枚。ブラックカードやプラチナカードのみ。
もちろん決まって皆さん、長財布でした。
そして、皆さんとてもお財布を大事にされているのです。

## 「お財布には神さまが住んでいる」

そのなかのある方が教えてくれました。

「お財布には神さまが住んでいる。
神さまと仲良くなったら、人生がうまくいくよ」と。

**20代で外資系の化粧品のお仕事をしていたときも、30代で生命保険の法人担当のセールスをしていたときも、ことあるごとに、同じことを言われた**のです。

そのときは若くてわかりませんでしたが、それから数十年経ち、7千人以上の運命と、1万人以上のお財布を見てきたなかで確信しました。

**お財布には神さまがいる――。**

そして、財布の神さまに応援される人は、お金にもパートナーにも愛され、人生がドンドン好転していくことがわかったのです。

財布の神さまに好かれるヒント

01

・お金持ちの財布はいつもキレイ
・財布には神さまがいる
・財布の神さまに好かれれば、人生はうまくいく

## 002

# なぜ、お金持ちの財布には新札しか入っていないのか？

## 新札にはエネルギーがある

当時、会社社長、会長、取締役の方、そうそうたる皆さんのお財布を目の当たりにすることも多かったのですが、その方たちのお財布も例外なく、いつも光っていて、なかに入っているお金は新札でした。

ある日、聞いてみました。

「なぜ、新札を使うのですか？」

**「エネルギーが大きいからだよ」**

「なぜ、新札を使うのですか？」

**「相手が喜ぶからだよ」**

「君は新品、古品、同じものなら、どちらがいい？　相手はどちらを喜ぶ？」

「自分が新札を手にすると良い気分になるから???」

最初のうちは、そう思っていました。

もちろんそれもありますが、実はそれだけではありません。

相手に渡すとき、お支払いするときのことを考えていたのです。

## 財布の神さまは「おもてなし」が大好き

そう、相手が喜ぶことをお金をかけずにする。

それが、商売繁盛に通じ、人にもお金にも愛される秘訣だったのです。

ほんのささいなことで相手を良い気持ちにさせる。

誰にも言いませんが「心のおもてなし」をされていたのです。

今でも、**一流と言われるホテル、レストラン、老舗旅館では、お釣りは新札**です。

それが、一流のホテル、レストラン、老舗旅館では、おもてなしの1つになるのです。

この「おもてなし」に、神さまが宿るお財布の秘密が隠されているのです。

**財布の神さまは福の神さま。**

**人を喜ばせる人を応援したくなります。**

「心のおもてなし」ができる人と、仲良くなりたがるのです。

財布の神さまに
好かれるヒント

02

・小さな気遣いで相手を喜ばせる
・財布の神さまは「心のおもてなし」が大好き！
・人を喜ばせることで、自分も応援してもらえる

003

# お金持ちは財布もお金も大事に扱う

# お金持ちは支払い時に必ずお礼を言う

お金持ちのお財布って見たことありますか？

普通のお仕事だと、なかなかないですよね？

接客業やレジ係とかなら、あるかもしれません。

でも、マジマジとは見ませんもんね……。


私も、20代で化粧品業界に勤めていたときは、そんなにジロジロ見ていたわけではありません（笑）。

仲良くなったお客さまや、懇意にしていただいていたお店の奥さまと、何度も何度もお食事に行ったりしているうちに、見る機会があったのです。

まだ若かったので、お食事なんかもごちそうしていただくことがほとんどで、お支払いのときもサラリと済ませられる方が多いのです。


そして、お支払いのお金はいつも新札。お財布も、何かで磨いてるんじゃないかと思うくらいに、ツヤツヤでキレイです。

**決まって皆さん、「ごちそうさま」「ありがとうございます」「美味しかったです」とおっしゃるのです。**

これは私が生命保険会社に勤務していたときもおんなじです。保険の営業先の会社の社長さま、会長さま、どなたもご一緒させていただくと、見事なくらいに判を押したように同じなのです。

## お金を大事にすること＝自分を大事にすること

そして、皆さん、お財布をすごく丁寧に扱い、中身もキレイです。
お財布にいくら入っているかもしっかり把握しています。
お財布もお金も大事にしているのです。

お金を大事にすることは、お金を稼いだ自分を大事にすることです。
自分を大事にできる人は、まわりの人も大事にできます。

まわりの人を大事にすると、それがまわりに波及《はきゅう》していき、人を大事にする循環が起こります。そうすると、お金も循環していくのです。

そう、**お金を運んできてくれるのは、人**だからです。

お仕事で大成功を収めた松下幸之助さんも、社員やお金を大事にしていたことで有名ですよ。

財布の神さまに好かれるヒント

03

・財布もお金もキレイに。感謝の言葉を忘れずに
・お金も自分も大切にする
・人を大事にする循環が、お金を運んでくる

004

# 財布を見れば、人生も未来もすべてわかってしまう

## 1万人以上の財布を見てきてわかったこと

お財布を見ただけで、あなたの人生がわかってしまうとしたら、ちょっと怖いですよね。

あなたはお財布をどんなふうに使っていますか？

あんまり考えたことなんかない？

ただお金を入れるだけのものじゃないの？　なんて方も多いのではないでしょうか？

でも、お財布で人生が変わるとしたら、お財布があなたの人生そのものだとしたら、少し前向きに取り組みたいなんて思いませんか？

仕事柄、たくさんの方のお財布を見させていただいて、20代からだから軽く1万人は超えています。それと同時に、7千人以上の運命を鑑定してきました。その過程でわかったことがあります。

それは、

**お財布は人生そのもの――**

ということ。

お財布にその人の人生があらわれるのです。

**お財布は、あなたの器**なんです。

お財布を大事にしている人は、人生を大事にしている人です。
お財布を大事にしている人は、自分を大事にしている人です。
お財布を大事にしている人は、お金にもパートナーにも愛される人です。
お財布を大事している人は、財布の神さまに好かれます。

財布の神さま？

はい！　神さまはいます！

**財布の神さまは、お財布に宿り、いつもあなたのことを守ってくれているのです。**

もし、人生を好転させたい、より明るい未来を創りたいと思ったら、まずは財布の神さまと仲良くなってくださいね。

あなたの人生をぐーんと好転、あなたの未来をぐーんと応援してくれます。

## 財布の中身＝あなたの未来

お財布の中身は、あなたの未来でもあります。

「えー！　そうなんですか？」という声が聞こえてきそうですが、本当です。

お財布の中身を変えると、あなたの未来が変わります。

**お財布の中身＝お家の中です。**

お財布のなかがグシャグシャの人は、お家も散らかっていることが多いのです。

お正月、年の初めに、各家々にやってきて、その年の作物が豊かに実るように、また、家族みんなが元気で暮らせるように約束をしてくれる「歳神《としがみ》さま」という神さまがいます。

歳神さまをお迎えできるお家は発展繁栄します。

それと同じように、神さまをお迎えできるお財布だと、仕事運も金運もぐーんと上がるのです。あなたの未来も変わっていくのです。

## 未来を変えたいなら、財布の中身をキレイにしなさい

あなたの未来を変えたいなら、人生を良くしたいなら、まず、お財布の中身をキレイにすることです。

レシートが入りっぱなし、お札の方向がグチャグチャでは、財布の神さまをお迎えすることはできません。

お家をキレイにできないと、お家に歳神さまをお迎えできないように、お財布のなかをキレイにしないと、財布の神さまを迎えることができないのです。

お家は、お正月にはキレイにして、しめ縄を飾ってお供えします。

それと同じように、**お財布の中身も、清めるつもりでキレイにしましょう。**

そうすれば、あなたのもとにも財布の神さまはやってくるのです。

財布の神さまに
好かれるヒント

04

・財布の中身は「あなた自身」
・財布の中身をキレイにすれば、未来は変わる
・キレイな財布で、財布の神さまをお迎えする

005

# 財布の神さまとお金は「恋人同士」

# 財布の神さまはお金を喜ばせたい

財布の神さまとお金は「恋人同士」です。そう、愛し愛され仲良しさんなんです。
昔から、お金はお財布に入れるように、お財布とお金は恋人同士。
**財布の神さまは、大好きなお金をたくさん呼び入れたいと思っています。**
特に、お金は寂しがり屋なので、たくさん引き連れたいと思っているのです。

人は？　恋人同士なら、相手にどうしたいですか？　どうしてあげたいですか？
きっと恋人同士なら、相手が居心地いいようにしてあげたい、相手を喜ばせたいって思いますよね。

財布の神さまも同じなのです。
お金を喜ばしてあげたい、居心地いい場所で迎えてあげたいと思っているんです。

たとえて言うなら、あなたとお家みたいなものです。

あなたも帰るお家があるから、頑張れるのではないでしょうか？　お家で待ってくれているパートナーや家族がいるから頑張れるのではないでしょうか？

お金とお財布もそんな関係です。**お金も、待ってくれているお財布があるから帰ってきます。居心地がいいから戻ってきます。**

ですから、お財布のなかを、お金が住みやすくて、居心地いい空間にしてあげることです。

## 財布が散らかっていると、頭のなかも散らかる

たとえば、新しい家を買ったとします。その家がすごく素晴らしいお家でも、なかがゴミだらけで、ゴチャゴチャ散らかっていると、どんな気分になるでしょうか？

何となくざわついたり、イライラしたりしませんか？

逆に家のなかがスッキリしていて、キレイだと気持ちいいですよね。

お財布も一緒なんです。

どんなに新しくて、いいお財布を買ったとしても、中身がゴチャゴチャしている

と、頭のなかもゴチャゴチャします。

そうするとやりたいことがはかどらず、イライラし、ストレス発散として、余計なものを買ってしまいます。

結果として、お金の無駄遣いをし、後悔します。お金もなくなり、気分もなんだかざわざわする……そんな負のスパイラルに陥り、お金が貯まらない、お金にいつも困っている状態に陥りやすいんです。

そうならないように、お財布のなかはいつもキレイにして、お金が住みやすい空間にしてあげてくださいね。

**財布の神さまに好かれるヒント**

**05**

・居心地がいい財布に、お金は帰ってくる
・汚い財布では、お金は貯まらない
・財布がスッキリすれば、お金に困らない

第2章

# 要チェック！財布の神さまを遠ざける人の悪い習慣

006

# 稼いでも稼いでも、貯まらないのはなぜだろう？

## まずは自分のために使う

お給料をいただいても、お仕事の報酬をいただいても、「全然貯まらない〜。すぐ、どこかいっちゃう」「気がつくといつもお金が手元にない……」そんな方はいませんか？

貯金ができない。あったら、あっただけ使ってしまう。入ったら右から左……稼いだお金はどこに？　なんてことないですか？

稼いでも稼いでも、出ていっちゃう……あるあるですよね！

私も若いときにそうだったからわかるんです（笑）。

でも、なぜ？？？

皆さん、お給料をもらったら、まず、お支払いをしていませんか？

今なら、スマホにクレジットカード、家賃やその他諸々と……。銀行振り込みで、即、次の日に支払いの方も多いのでは？

あーっ、他人に先に支払っていますよね。

あなたが、旦那さま、パートナーが、親御さんが稼いだ「愛の結晶」であるお給料を、まず他人のために使うのはおかしいですよね。

昔は、お給料袋に入って、お金を稼いできた親御さんや旦那さん、あなた自身に感謝しながら、いただいたお給料を神棚や仏壇にお供えしていたんですよ。

なのに、今は、他人さまから……。

おかしいですよね。これではお金は貯まりません。

## 心が安定すると、仕事もお金も安定する

「お金ナイナイ病」の方は、まずはご自身のために使う、貯めることです。

**まずは、あなたから、**なんです。

そうすることで、自分を大事にすることにつながります。

**自分を大事にすると、心が安定します。心が安定すると、お金もお仕事も安定し、お金の考え方も変わるんです。**

「お金って大事だなぁ」「お金っていいなぁ」、そして「自分っていいなぁ」につながるのです。

この習慣を実行されて、劇的にお金に愛されて、お金まわりがドンドン良くなった方もたくさんいます。

財布の神さまに好かれるヒント

06

・他人に先に支払っていたら、お金は貯まらない
・まずは自分のために「使う」「貯める」
・心が安定すると、お金まわりが良くなる

# 007

# ストレス発散でお金を使うと、お金が逃げていく

## マイナス感情をお金に乗せない

お金をドンドン稼いでも、お仕事は順調でも、お金をドンドン使っちゃう。意図して使うならいいけれど、気がついたらお金が手元にナイ。お金が貯まらない。お金が貯まったら、そのお金ごと、いつのまにかなくなってしまう……そんな人の共通点。それはズバリ、ストレスです。ストレス発散のために、お金を使うクセを知らずしらずのうちに身につけているんです。


胸に手を当てて、考えてみてください。

〝ストレス発散〟と言って、買い物していませんか？

ストレスというマイナス感情をお金に乗せて、お金をドンドン使っていませんか？

ストレスを言い訳にお金を使うクセはありませんか？

〝ストレス発散〟で飲みに行って2日酔いで翌日後悔したり、バーゲンで大量の服を買って結局着なかったり……。


**ストレスを溜めれば溜めるほど、お金が消えていくんです。**

そう、ストレスで使うお金は、「浪費」なんです！

「浪費」は、悲しいかなぁ。お金が貯まることもお金に愛されることもないんです。

でも、なかなかストレスはなくならないのが現実です。

## ストレスは3秒で変換する

そんなときは、3秒で変換です。

「〝ストレス発散〟に、服を買いに行こう」ではなく、

「〝素敵な〟服を買いに行こう♪」に。

「〝ストレス発散〟に、ご飯を食べに行こう」ではなく、

「〝美味しい〟ご飯を食べに行こう♪」に。

「〝ストレス発散〟に、飲みに行こう」ではなく、

「〝美味しいお酒〟を飲みに行こう♪」に——。

まずは、**〝ストレス発散〟という「悪のことだま」をやめるのです。**

〝ストレス発散〟と言って、買い物しない。

〝ストレス発散〟と言って、食べない、飲まない。

そうしたら、本当に欲しいものだけに目が行くようになり、必要なものしか買わなくなります。

同じお金を使うなら、エネルギーを発散（散財）するより、エネルギーを充電することです。

ストレス発散で行動するか？ 素敵、素晴らしい、ワクワクで行動するか？

あなたは、どちらを選びますか？

**財布の神さまに好かれるヒント**

**07**

・〝ストレス発散〟が浪費の原因！
・〝ストレス発散〟をやめる
・お金を使うときには、〝ワクワク〟を大切にする

# 008

# 本当に欲しいもの
# だけ買う

## 究極の1枚を買う

財布の神さまに愛されるためには、本当に欲しいもの、究極に欲しいものだけを買うことです。

季節ごとに買うローテーションのお洋服を3枚買うのなら、究極の1枚だけ買うクセをつけるのです。

「こんな素敵な私だから、こんな素敵な服が似合う」

そう、心の底から気に入ったものを買うんです。

**「まぁいいか」で買わない、間に合わせで買わないことです。**

決して、贅沢ではありません。

あなたが心から満足できるものを買う、それが大切なのです。

## 本当に欲しいものを手に入れると、物欲がなくなる

本当に欲しいもの、お気に入りのものを手に入れると、あれもこれも、という物欲

がなくなります。

**お金は、あなたが、旦那さま、パートナーが、親御さんが、一生懸命働いて稼いできてくれた、愛のかたまりです。**

だから、大事にするんです。丁寧に扱うんです。愛をもって使うんです。

そうすると、無駄な買い物はしなくなり、本当に欲しいものが見えてきます。

毎日を丁寧に生きると、財布の神さまに愛され、お金はドンドン貯まります。

とてもささいなことだけど、今からできる、明日からできる、とても効果のある方法です。

ぜひ、実践してみてください。

財布の神さまに好かれるヒント

08

・「あれもこれも」をやめる
・本当に欲しいものを買う
・お金は一生懸命働いた証。丁寧に扱おう

# 009

# がまんしながら
# もらったお金は
# 貯まらない

## 我慢と引き換えにお金をもらわない

お金が貯まらない人には、もうひとつ共通点があります。

それは、がまんしながら給料をもらっていること。

「がまん給」をもらっているのです。

仕事が、しんどい、つらい、大変だ——がまんの対価と引き換えに、お金をもらっています。

そういうときは、自分の価値を認めることができないので、お給料=がまん給になってしまいます。

**我慢ばかりしていると、お金に対して「ありがとう」なんて思えません。**

我慢のはけ口として、衝動買いをしたり、無意識のうちにお金を使うことになってしまうのです。

20代のときの私が、まさにそうでした。

仕事がしんどい、我慢。仕事がつらい、我慢。日頃洋服を選べない、我慢……。

当時、制服通勤だったのにもかかわらず、着れないくらいのお洋服を買いました。ブティックを開けるんじゃないかというくらいの大量のお洋服です。もうこれでもか、というくらいのお金を使いました。

そして、いらないものを大量に買ってしまうんです。それは、1人では使いきれないほどのハンカチや下着でした。

それは、私の〝安全パイ〟だったのです。これくらいなら、まぁいいや、まぁいいかの値段だったから、我慢して我慢して頑張っているから、我慢して我慢して働いているからと、**我慢と引き換えの「がまん給」をもらっていた**のです。

「がまん給」だから、ドンドン右から左へとお金がなくなっていきました。「がまん給」だから、お金のありがたみを感じず、お金に感謝していませんでした。

そしたら、本当稼いでも稼いでも、ザルなんですね。

働いても働いても貯まらないんです！

そのことに気がつくのにどれだけ授業料を払ったかわかりません。

さらに、お金のありがたみを感じていませんから、自分自身を愛することもできず、負のスパイラルに陥ってしまったのです。

## 「がまん給」は「価値給」に変換

この本を手にとっていただいたご縁のあるあなたに、私のように、無駄なお金も時間も使ってほしくありません。また、自分を傷つけてほしくありません。

そうならないように、「がまん給」から抜け出す秘訣をお教えしましょう。

それは、「がまん給」を「価値給」に変換することです。

「価値給」とは、ズバリ、あなたの価値に対していただくお給料です。

つまり、あなた自身のセルフイメージや、あなたが自分に感じている価値の度合いです。それが低いと、いただけるものもいただけないのです。

ですから、まずは「価値給」を上げましょう。

そうすれば、いただけるお給料も増えていきますし、お金も貯まっていきます。

では、どうすれば「価値給」を上げることができるのでしょうか？


**まずは、あなた自身が「自分の価値（＝価値給）」を認めることです。**


価値がある自分を愛しく思い、愛することです。自分を大事にすることです。

そうすることで、あなたの「価値給」は上がっていきます。

逆に自分の価値を低く見積もってしまうと、あなたの「価値給」は下がり、「がまん給」になってしまいます。

## 自分に「受け取り許可」を出す

では、そうならないように、どうすればいいのか？

それは、自分に「受け取り許可」を出すことです。


**「自分には、それだけのお金を受け取る価値があるんだ」**

そのように、自分の価値を認め、「価値給」をいただくことを許可するのです。

**お金はあなたの価値です。そして、あなたが稼いできた愛のかたまりなんです。**

だからこそ、心の底から認め、全身で受け入れることが大切なのです。

私は、開運財布講座や運命鑑定を通じて、多くの方にそれをお伝えしてきました。

そのなかの1人から、次のような声をいただきました。

「月3万円、年間36万円。昇給しました！」

月3万円、年間36万円もお給料が増えるのは嬉しいものです。

彼女も私の開運財布講座に参加し、その2日後に昇給が決まりました。

彼女も、自分の価値を認め、「受け取り許可」をしたのです。

彼女以外にも、私がこれまで見てきた人のなかには、「受け取り許可」をし、人生が好転した人はたくさんいます。

あなたも、もちろん大丈夫。

**「受け取り許可」をし、あなたが一生懸命働いてもらった給料が、「がまん給」から「価値給」に変わったとき、あなたの人生は大きく変化していきます。**

財布の神さまも、そんなあなたを応援して、お金もドンドン貯まっていくのです。

財布の神さまに
好かれるヒント

09

・「がまん給」はもらわない
・お金はあなたが稼いできた「愛のかたまり」
・自分の価値を認め、「受け取り許可」をする

第3章

# 財布の神さまと仲良くなりたいなら、「お金大好き宣言」をしなさい

# 010

# 必見！
# コレがお金も
# 財布の神さまも
# 虜にする秘訣

# お金に愛されないのはなぜだろう

お金にドンドン愛されたいですよね。私もドンドン愛されたいです。

誰でも思いますよね。思って当たり前。

でも、**あなたがお金を愛してなければ、お金から愛されることはありません。**

誰かと恋愛しているときのことを想像してください。

パートナーから愛されたいと思っているとき、あなたももちろんパートナーのことが大好きですし、愛していますよね。

相手のことを愛してないのに、相手から愛されたいなんて、思いませんよね？

お金も一緒です。

「お金なんて」「お金、お金って、言いやがって」「お金は汚い」「お金持ちは汚い」

「お金の話を人前で言うなんて恥ずかしい」という方、多いですよね。

「子どもの前ではお金の話をしない」「お金のことを子どもの前で話すのは、はしたない」という方も多いのでは？

これでは、お金にドンドン愛されるどころか、確実に嫌われます。

だって、あなたが愛してないのですから、お金も愛してくれません。

お金はとっても正直なのです。愛されてないところには来ません。大事にされないところには来ないのです。

## 大事にしてくれないところにお金は来ない

お金って、誰が運んできますか？　誰が稼いできますか？

あなたにお金を運んできてくれた人って誰でしょうか？　お父さまですか？　お母さまですか？　旦那さま、パートナーですか？　それとも、あなた本人ですか？

**お金を大事にしないイコール、お金を運んできてくれた人を大事にしていないことと同じなのです。**

もし、あなたがお金を稼いでいるのなら、あなた自身を労《いたわ》っていないのです。

お金とは、仕事の報酬であり、ツールです。仕事の対価に対して、お金というツールを通じて、エネルギーを対価交換しているだけなのです。

別の言葉で言うと、あなたの価値、旦那さま、パートナーの価値、親御さんの価値でもあります。

さらに言うと、**お金は、あなたが、旦那さま、パートナーが、親御さんが稼いできた、ありがたーーーい愛なんです。お金って、愛のかたまりなんです。**

そのお金を運んできてくれる人を愛しているなら、お金に対して、大好き、愛しているという気持ちを表現することです。

それが、お金にも、財布の神さまにも、愛される秘訣なのです。

### 財布の神さまに好かれるヒント 10

・お金を愛さなければ、お金からも愛されない
・お金は大事にされないところには来ない
・お金を運んできた自分やまわりの人を愛する

011

# 「お金大好き宣言」で財布の神さまに寵愛される

## お金は「大好き」と言ってくれる人のもとに寄ってくる

お金に愛されるためには、原理原則があります。

それは、

**「お金が大好き」**

と言えることです。

「愛してる」「大好きだよ」「大事にするよ」――。

大好きな人から、そう言われたら、嬉しいし、キューンってなりますよね。

お金も一緒なんです。

**「大好きだよ」と言ってくれる人のところに来たくなるのは、当然です。**

ですから、まずは人前で、**「お金大好き宣言」**をすることです。

最初は恥ずかしくて、抵抗感があるかもしれません。

でも、勇気を持って、「お金大好き宣言」をするのです。

そして、お金を運んできてくれた人たちに、思いっきり感謝してください。確実にお金に愛されます。


財布の神さまは、そんなあなたを見ています。あなたの思いを聞いています。

そして、財布の神さまとお金は相思相愛ですから、お金をドンドン呼び込んでくれるのです。


大事にしてくれる。大事に扱ってくれる。いい使い方をしてくれる。

そんな人が、財布の神さまは大好きです。

お金を大事に扱う人が大好きなんです。

## お金をぞんざいに扱う人は、お金に嫌われる

逆に、お金に嫌われる人は、次のような人です。

・お金をぞんざいに扱っている人
・お金なんて、と蔑《さげす》む人
・お金の無駄使いをしている人
・目的を持たない使い方をしている人
・衝動買いで、いつも後悔ばっかりの人
・「もったいない」とお金に後悔を乗せる人

ひと言で言えば、お金を大事にできない人、です。

このようにお金を大事にできない人は、「お金は汚い」「お金持ちはズルい」「お金、お金って、お金のことばっかり言う奴にろくなもんはいない」など、お金に対してネガティブな思い込みを持っている人が多いです。

これを、**「お金のブロック」**と言いますが、この「お金のブロック」があると、お金には愛されません。お財布の神さまも困ってしまうのです。

## 「お金大好き！」が「お金のブロック」も解除する

では、「お金のブロック」がある人は、どうすればいいのでしょうか？

大丈夫です。

長年心に棲《す》みついてしまった「お金のブロック」でも、「お金大好き宣言」の力で、解除することができます。

お金は、あなた、旦那さま、パートナー、親御さんの愛のかたまり。

だから、いっぱい、いっぱい、愛して、いっぱい、いっぱい、「大好きだよ」と言うことです。

そうしているうちに、毎日手に触れるお金、毎日扱うお財布を見るたびに、心がほっこりしてきます。心が暖かくなってきます。そしたら、心から大好きって思えてきます。

初めは「？」でもいいんです。**過去にできてしまった、間違った思い込みを、毎日**

**のあなたの「大好きだよ」で解いていくんです。**

そうすると、「お金のブロック」なんかなくなります。「お金が汚い」なんて、これっぽっちも思わなくなります。

**お金に「大好きだよ」と言うことは、あなた自身に「大好きだよ」と言うことです。**自分にいっぱい感謝して、いっぱいの愛を感じてください。自己愛を高めてください。

そうすれば、財布の神さまにもたっぷり寵愛されるようになるのです。

**財布の神さまに好かれるヒント**

**11**

・「お金大好き！」を口グセに
・財布の神さまは「お金に悲観的な人」が嫌い
・お金を愛することで、自己愛も高まる

012

# お金にも、財布の神さまにも愛される「お金の使い方」

## お金には、3種類の使い方がある

お金にも財布の神さまにも愛されるお金の使い方とは、どんな使い方でしょうか？

お金の使い方には3種類あります。
それは、**「消費」「浪費」「投資」**です。

**「消費」**とは、食べるもの、着るもの、家賃など、生活するためにお金を使うこと。
**「浪費」**とは、「もったいない」「買わなきゃよかった」と思う、無駄な買い物や衝動買いでお金を使うこと。
**「投資」**とは、自分を喜ばすため、大事にするためにお金を使うことです。

たとえば、食事をするとき、ただ食べるだけは、消費。ヤケ食い、ドカ食いは、浪費。本当に食べたいもの、身体が喜ぶものを食べる——それが、投資です。

投資を別の言葉で言うと**「生き金を使う」**とも言います。
「生き金を使う」とは、ただ使うのではなく、心から喜んで使うことなのです。

この3種類のなかであなたは、何に一番お金を使っていますか?

## ズバリ！ コレが財布の神さまに愛される「使い方」！

お金が喜ぶのは、このなかで1つだけ。

ズバリ、投資です！

**投資こそ、お金にも財布の神さまにも愛され、お金を虜《とりこ》にするのです。**

投資には、「お金に投資」と「自分に投資」の2種類があります。

「お金に投資」とは字のごとく、お金を増やすために、お金にお金を投資していくことです。

株であったり、投資信託であったり、金《きん》であったり、土地であったり、今でいうと、仮想通貨だったり……お金を増やしていくためのものです。

「自分に投資」とは、自分を高めるために、本を買ったり、講座やセミナーに行くことです。**「自己投資」**とも言い、美容や心身のメンテナンスのために、エステやマッサージ、カウンセリングに行くことも自己投資の1つです。

**自己投資は、最高の自己愛です。**自分に投資するということは、自分の価値を認め、自分にお金を使うことだからです。自分に投資するお金は、あなたの価値であり、あなたの未来なのです。

自分に投資する際のポイントは、「最高だった！」「値段以上のものを得ることができた」というように、投資したお金に対して、プラスのエネルギーを乗せることです。そうすることで、投資したお金は巡り巡って、あなたのもとへと循環してきます。

私も自己投資は欠かせませんが、これまでびっくりするくらいの金額を投資した分、それ以上の恩恵を手に入れることができています。

## お金にマイナスエネルギーを乗せると、財布の神さまに嫌われる

逆に、「うわぁ、高いなぁ～」と思ったり、逆に「安いエステでいいや、まぁ、いいか」などと思うと、マイナスエネルギーが乗っかり、浪費に変わります。

エステの内容よりも、「あそこのエステより、ここのほうが安かった」など、いつも値段の話ばっかりだと、本当の満足感を手に入れることはできません。高い、安い、という得したかどうかの、表面上の満足感だけになってしまいます。

損得勘定ばかりしてると、心は満たされません。

**心が満たされないと、自己投資のはずが、浪費になってしまう**んですね。身にならないからです。

お買い物1つでも、そうです。

ブランドもののお洋服やバッグも、値段やブランドで選ぶのではなく、品質やクオリティー、そして、お店のサービスや接客態度が満足いくかどうかで選ぶことです。

100％心の底から欲しいとは思っていないけど、「ブランドものだから」「値段が

おトクだから」と、満足いかない妥協した買い物をしていると、マイナスエネルギーをお金に乗せてしまいます。

**マイナスエネルギーが溜まると、お金にも財布の神さまにも愛されなくなります。**

そうすると、お金を稼いでも稼いでも貯まらないのです。

そうならないためにも、まずは、自分が、消費、浪費、投資、どれにお金を使っているか。それをチェックすることです。

もし、浪費ばかりの人も大丈夫。

本書でこれから、浪費を投資に変え、お金にも財布の神さまにも愛される方法をご紹介していきます。

財布の神さまに好かれるヒント

12

・財布の神さまに好かれるのは「投資」
・自分に投資して、お金をあなたの虜にする
・値段にこだわると、マイナスエネルギーが溜まる

013

# 財布の神さまに敬遠されるお金が貯まらない人の悪い口グセ

## お金が貯まらない人は浪費が多い

お金が貯まらない人、お金にいつも不安のある人は、浪費の多い人です。

いつも、「もったいない」「まぁいいか」「値段と相談している」という人は知らないうちに浪費をしてるんです。知らないうちに、消費が浪費に変わってるんです。

お金というエネルギーを、「もったいない」「まぁいいか」「値段と相談している」という言葉で、マイナスエネルギーに、せっせせっせと交換してるんですね。


これこそ、もったいないです！

「もったいない」「まぁいいか」「値段と相談してる」と満足感はないのです。


**言葉はことだま。あなたの言った言葉そのものが現実となります。**


稼いだお金の価値＝あなたの価値です。

稼いだお金を「もったいない」無駄なものに使うことは、あなたが無駄なものと同等ということになります。「まぁいいか」というどうでもいいものに使うと、あなたもどうでもいいものになります。

そう、気づかぬうちに、あなた自身の価値を下げてしまうのです。

**同じお金なら、プラスのエネルギーを乗せて使うことです。それが、幸せな現実を引き寄せ、「生きたお金」につながります。**

お金というエネルギーをイヤイヤ使えば、イヤな現実が引き寄せられるのです。

「もったいない」「まぁいいか」「値段と相談してる」といつも満足感はないのです。満足感がないから、お金に感謝ができません。

「もったいない」「まぁいいか」「値段と相談してる」——この言葉が、イヤな現実を引き寄せているのです。

## 「まぁいいか」でお金を使わない

私事ですが、私はアレルギーが強く、人生で合計8回、救急車にお世話になっています。ジャンクフード、油、果物、鳥肉、気をつけて生きないと、身体が拒否反応を起こすのです。

そのため、物心ついたときから25年間、食に対して投資をしてきましたから、病気にはいっさいなっていませんでした。

ところが2年前、「まぁいいか」で入ったレストランで大変なことになり、救急車で運ばれ、入院という羽目になったのです。

**「まぁいいか」これが「浪費」だったのです。**「まぁいいか」で頼んだもので、身体に拒否反応が起きたのです。事前にアレルギーな食材もしっかり告げたのですが……。涙でした。

こんな極端な例は、皆さんには当てはまらないかもしれませんが、次のようなことに心当たりはありませんか？

・「まぁいいか」と、お値段で食品を買ってしまう
・「まぁいいか」で、安いほうのお洋服を買ってしまう
・「まぁいいか」で、お値段のお手頃なエステを選んでしまう

**「まぁいいか」で使ったお金は、「まぁいいか」という結果しか生み出しません。**

「もったいない」とお金を出したとたん、そのお金にマイナスエネルギーが乗っかり、「浪費」になります。

そうならないように、「もったいない」「まぁいいか」と値段ばかり気にしないで、心から満足するものを買うことです。

お気に入りのものを吟味すると、心から「嬉しい」「美味しい」「幸せ」「ありがとう」と思える買い物ができます。

決して高いものを買うのではなく、意識して消費をする。そうすると、浪費はなくなります。すると、余計なものはいっさい欲しくなくなります。

**どうせ使うなら、「投資」すること、「生きたお金」を使うことです。**

「生きたお金」とは、「心と身体が喜ぶお金」です。

「心と身体が喜ぶお金」を使うと、お金がドンドン入ってきます！

勉強や講座、セミナーも、「あー良かった！」と心から喜んで使う。それが「生き金」です。

そうすることで、使った分だけ、あなたのものになって返ってきます。

お金はエネルギーです。同じエネルギーなら、プラスのエネルギーで使うことです。そしたら、お金にドンドン愛されるようになるのです。

財布の神さまに好かれるヒント

13

・値段と相談する買い物は、満足感が低い
・意識して「消費」をすれば、浪費がなくなる！
・心から喜んで使える「生き金」を使う

# 014

# 「お金がない」は、お金を遠ざける〝悪魔のことだま〟

## 言い続けると、驚くほどお金が寄ってこない

「お金がない」は、〝悪魔のことだま〟です。

お金に愛されるためには、「ない」この言葉は禁句です！


「お金がない、お金がない」って口グセの人、まわりにいませんか？

意外と言っているんですよね。「今お金がないからできない」って。

本当は、そのやりたいことは、お金がないからできないのではなく、違う理由の場合が多くありませんか？


**本当はお金はあるはずです。**

今、お財布のなかにお金が入ってない人はいないのでは？

もしくは、家にお金がない人はいないのでは？

これを言い続けると、びっくりするほど、お金に愛されません。

結果として、本当にお金が「ない」状態になります。
財布の神さまは「ある」のに「ない」という人を「あーっ、ないんだね！」
「あーっ、ない状態でいいんだ！」と思います。

ことだまは、言霊、魂なのです。

## 「本当にお金がない人」への魔法の特効薬

でも、本当にお金が「ない」のです！
という人はどうしたらいいのでしょうか？

もしかしたら、カードばっかり使っていませんか？
そうだとしたら、まず、カード払いをやめることです。
そして、**現金払いするクセを付ける**のです。
現金の「現」、「現《あらわ》」るお金を使うのです。「現」るお金を増やすのです。
そうすると、足元がしっかり固まってきます。

これまで、7千人以上の方の運命、1万人以上のお財布を見てきてわかったことの1つが、**お金に愛されるためには「安心感」と「安定感」が大切**だということです。

だからこそ、まずは、**足元を固めて、ログセを治す。**

それだけでお金に愛されます。それだけでお金が回ってきます。

「安心感」「安定感」があってこそ、財布の神さまにも愛され、金運もドンドン上がっていくのです。

財布の神さまに
好かれるヒント

14

・「お金がない」は禁句
・本当にお金がないなら、カード払いをやめる
・「安心感」と「安定感」で、金運が上昇する

015

# エネルギーの法則で、愛もお金もドンドン引き寄せる

## 「お金」というエネルギーをどう使うか

「お金」はエネルギーです。

あなたが欲しいもの、求めるもの、欲求を満たすための1つのエネルギー。

あなたが、旦那さま、パートナーが、親御さんが、一生懸命働いて成果を交換したものです。

そして、この**素晴らしいエネルギーである「お金」を引き寄せるためには、「お金」というエネルギーをどう使うか、が大切なのです。**

お金とは、昔にさかのぼれば、物々交換から始まったと言われています。

お金がまだない時代は、お野菜とお魚、マンモスのお肉とお米、という組み合わせで、物を交換していたかもしれません。

それだと、お魚やお肉、お野菜などはいつか腐ってしまうので、いつでも交換するためのツールとして、貝殻や石、コイン、紙幣と、長い年月を経て、今の形に変わってきたのです。

## 幸せのエネルギーをかき集め、循環させる

お金は、愛と感謝のエネルギーのかたまりです。

「今がとても幸せ」「今がとっても居心地いい」「美味しかったよ！」「ありがとう！」というポジティブな気持ちや、ポジティブな言葉で使うお金は、プラスのエネルギーです。

逆に、「満足できない」「不安だよ」「不満」などネガティブな気持ちや、ネガティブな言葉で使うお金は、マイナスのエネルギーです。

「えー！　マイナスのエネルギーなんて嫌だー！」

もしそう思ったとしても、大丈夫。

**プラスのエネルギーに変換しちゃいましょう。**

少し「幸せレベル」を下げてみるのです。

「幸せレベル」を下げると、ちょっとしたことにも感謝できるようになります。

「あっ！　感激かも」「あっ！　嬉しいかも」「あっ！　今日のランチ、おトクで美味しい」「あっ！　コンビニの店員さん、優しい」——。

幸せのエネルギーを、かき集めてみてください。たくさんあるはずです。

**幸せのエネルギーを集めれば、エネルギーは循環して、また、あなたのもとに幸せのエネルギーを運んできます。**

愛もお金もみんなエネルギー。あなたのもとにも、グルグル回ってきます。

ぐんぐん引き寄せて掴むのはあなた次第なのです。

財布の神さまに好かれるヒント

15

・お金は愛と感謝のエネルギー
・「幸せレベル」を下げて、プラスに変換
・エネルギーを循環させて、幸せを引き寄せる

016

お金を
「生き金」にするのも、
「死に金」にするのも
コレ次第

## 「お金は天下の回りもの」は本当だった！

昔からの教えで、「お金は天下の回りもの」と言います。

お金はぐるぐる回って回って、あなたのもとに戻ってくるのです！

**お金は1箇所にとどまるものではありません。常に人から人へと回っているものなのです。**


簡単に言うと、お金の循環です。

人を伝い、回り回って、巡り巡って、あなたのもとに戻ってくるのです。

そのときに、お金の友達をいっぱい連れてきて戻ってくるか、そうじゃないかは、あなた次第。

では、どうすれば、お金が友達をいっぱい連れてきてくれるか？

それは、「生き金」を使うことです。

「生き金」って何？

78ページでも少し触れましたが、簡単に言うと、「生きたお金」です。

たとえば、あなたがお金を使うとき、

「わぁ！！！　こんな素敵なお買い物できて良かった。嬉しいなぁ～」

「こんな素敵なところに来れて良かった！　楽しい！」

「こんな美味しいお食事ができて幸せだなぁ～」

「とても勉強になったセミナーだった」

「来て良かった！　ワクワク！」――。

このように**ポジティブな気持ちで使ったお金を、「生き金」と言います。**

そう、「投資」ですね。

ありがたみがこみ上げてくる、心から満足して使ったお金、プラスのエネルギーがたっぷり乗った、活き活きしているお金――そんなイメージを持っていただけたらいいかなぁと思います。

## 「死に金」には気をつけなさい

逆に、マイナスのエネルギーを乗せて使ったお金は、「死に金」になります。

「このお洋服、気に入らない〜。なんか損したバーゲンだった……。まぁいいか」

「このお店、評判より美味しくない……来なければよかった。残念……」

「セミナー、全然ためにならなかった。時間の無駄だった」


このように**ネガティブな気持ちで使ったお金は、「死に金」です。**

そう、「浪費」ですね。

浪費＝死に金として使ったお金は、「天下の回りもの」として、自分のもとには帰ってきません。


では、どうすれば、「死に金」にせず、「生き金」にすることができるのか？

それは、**お金を使うとき、マイナスのエネルギーを乗せて使うのではなく、プラスのエネルギーを乗せて、お金を使うことです。**

もし、先ほどのように、「このお洋服、気に入らない〜。なんか損したバーゲンだった……」「このお店、評判より美味しくない……来なければよかった」「セミナー、全然ためにならなかった」という場合は、次のように言うことです。

**「あっ、失敗しちゃった。でも、勉強になりました。ありがとう」**

こうするだけで、「死に金」が生き返り、活き活きとした「生き金」に変わります。

こういう、ささいなことに気をつけると、不思議なくらいお金に愛されるのです。

財布の神さまは、そんなあなたの行動を見逃さないのです。

財布の神さまに好かれるヒント

16

・「生き金」を使うと、お金が戻ってくる
・「死に金」のままでは、お金は戻ってこない
・プラスのエネルギーで「生き金」に変える

017

# どんなに使っても使っても、お金が増えて戻ってくる人の秘密

## 「恩返し」ではなく「恩送り」

どんなにお金を使っても、手元にお金がドンドン増えて戻ってくる人がいます。

そういう人は何をしているのでしょうか？

気になりますよね？

7千人以上の運命と、1万人以上のお財布を見てきた私が断言します。

**お金がドンドン増えて戻ってくる人は、「恩送り」をしている人です。**

「恩返し」をするより、「恩送り」をすることで、お金にも財布の神さまにも愛され、知らぬ間にお金がドンドン入ってくるのです。

「恩返しは知っているけど、恩送りって何？」という人もいるでしょう。

「恩返し」とは、恩をいただいた方に直接恩を返すこと。2人の間だけのやりとりなので、その先には広がっていきません。

「恩送り」とは、恩をいただいた方が、違う誰かに恩を送る。そして、さらに違う誰かに恩をつないで、恩を人から人へ送っていくことです。そうすると、恩がぐるぐる回り、ドンドン広がっていくんです。

## 「恩送り」で、愛もお金も循環する

**愛もお金も幸せも「恩送り」をすることで、ぐるぐる回り、大きく循環していきます。**

お金を使うときに「恩」を乗せて、ドンドン送っていくんです。お金に「恩」を乗せて使うから、グルッと回って自分のところに、多くの友達を引き連れて戻ってくるのです。

財布の神さまに
好かれるヒント

17

・「恩送り」が財布の神さまに愛される秘訣
・「恩送り」とは、「恩」を循環させること
・お金を使うときに「恩」を乗せると、戻ってくる

# 第4章

# コレで急接近！財布の神さまに愛される7つのリスト

018

# 大・大・大・大・大原則！財布のお札は新札を入れる

## 財布の神さまは、やっぱり新札が大好き

財布の神さまは、新札が大好きです。
やっぱり、お札は新札を入れるのが一番なのです。

人は誰しも、ヨレヨレのお札よりも、ピカピカの新札が嬉しいもの。
でも、なぜ？
これには理由があります。

まずはなんと言っても、新札の持つ、エネルギーです。
**同じお金でも、新札はパワーが半端ないんです。**
お釣りをもらうときのことをイメージしてみてください。
新札だと、なんだか嬉しくなりませんか？
同じお金なのにラッキー♪　そんないい気分になりますよね。

## 新札には「プラスのエネルギー」が集まりやすい

人はキレイなもの、新品のものに対して、無意識で喜びを感じます。

私も小学校に上がるとき、お道具箱のすべてが新しく、ワクワクしたのを覚えています。多くの人が、小さいときから無意識に、キレイなもの、新しいものと「ワクワク」がセットになっているのではないでしょうか。

それはお金も同じ。新しくてキレイな新札には、「ワクワク」や「嬉しい」というエネルギーが集まりやすいのです。

**財布の神さまは、人を喜ばす「おもてなし」が大好きです。**

同じお金を渡すなら、新札で喜ばしてあげたいと思っているのです。

結婚式、お誕生日、お祝い、新築祝いなど慶事のときに新札を使うのは、日本古来の「おもてなし」から来ています。

日本の一流ホテル、老舗旅館、高級ブティックも、お釣りはすべて新札です。

それは、お客さまに喜んでいただくための「おもてなし」の1つなのです。

1章でもお伝えしたように、これまで私がお会いしてきたセレブでお金持ちの皆さんも、財布の中身はすべて新札。そして、それは「おもてなし」を大切にされているからでした。

**私もお金持ちの方からの教えどおり、毎月1度、すべてのお金を新札に変えています。もちろん、お財布のなかもすべて新札です。**

正直、お札をすべて新札で揃えるのは、手間も時間もかかります。

それでもやっぱり、相手に「嬉しい」ことをすると、相手からも「嬉しい」ことが返ってきます。同じお金なのに、相手から感謝していただけるのです。ありがたい、あったかいエネルギーをいただけるのです。

## 新札は丁寧に扱いたくなる。だから人生も丁寧になる

また、これは新札を頻繁に使う人にはわかっていただけると思うのですが、新札は、お札同士でくっつきます。新札を重ねると、ピタッと吸い付くようにひっついてしまうのです。

それだと、間違って多く渡してしまうかもしれません。

**だから、くっつかないようにと、1枚1枚を丁寧に扱うようになります。**お金に丁寧に接する＝あなたに丁寧に接する、です。

それは、お金を運んできてくれた、あなたや旦那さま、パートナー、親御さんを大事にすることにつながります。

ですから、**お財布に新札を入れると、毎日がとても丁寧になります。**人生を丁寧に過ごすようになるのです。

毎日を丁寧に生きると、人生はドンドン好転します。

財布の神さまも丁寧に生きるあなたを見て、素晴らしい未来が創れるよう、応援してくれるのです。

財布の神さまに好かれるヒント

18

・財布のなかのお札はなるべく新札で揃える
・お金に丁寧になると、自分にも丁寧になる
・丁寧に生きる人を、財布の神さまは応援する

019

# レシートや領収書、名刺を財布に入れるのはＮＧ。お守りも１つだけ

## 財布の神さまは「キレイ好き」

財布の神さまはキレイ好きです。キレイなところ、キレイなお財布を好まれます。
お財布は、お家と一緒です。財布の神さまは、きちんと整理整頓された家が大好きです。グチャグチャに汚れているお財布に住むのは、イヤなのです。

お財布のなかを見てください。
レシートや割引券など、お札以外の紙が入っていませんか？
お札を入れるところに、小銭も一緒に入っていませんか？
**住むお家にも役割分担があるように、財布のなかのお金にも、役割分担があります。**
お財布と小銭入れは別に持ち、お札、小銭の住み分けをしっかりしてくださいね。

また、あれやこれやお守りが入っていませんか？
すべてに通じますが、これといったお守りは1つにしてくださいね。

レシート、領収書、名刺、カード類——お金以上に、お金以外のものを入れている方が多いです。

お財布は、あくまでお金だけのために使うようにする。

お財布には、極力余計なものを入れないのが、ベストなのです。


お財布のなかは、あなたの心のなかと同じなんです。

**財布の中身がグチャグチャだと、心もグチャグチャします。**

人が断捨離《だんしゃり》をしてスッキリするのは、心がスッキリするからです。

毎日、お財布を点検して、いらないものを捨てる、余計なものを入れない。

それだけでも、素晴らしい効果があります。

## 財布の神さまとお金の神さまは大の仲良し

財布の神さまは、お金の神さまと仲良しです。お金の神さまもキレイなところが大好き。だから、その住処《すみか》をキレイにしておくのが一番なのです。

銭洗弁天（ぜにあらいべんてん）って知っていますか？
お金を洗って清めて、ドンドン増やしてくれる神さまです。それくらい、お金は「浄財《じょうざい》」と言って、清（浄）める「財」なのです。

**クタクタ・ヨレヨレのお財布では、お金にも財布の神さまにも嫌われちゃいます。**

逆に、お財布をいつもキレイに保って、財布の神さま、お金の神さまに好かれると、金運がドンドン上がっていくのです。

財布の神さまに
好かれるヒント

19

・グチャグチャな財布に神さまは住みつかない
・財布の中身を断捨離して、スッキリさせる
・財布はいつもキレイに保つ

020

# ポイントカードは絶対に入れない

## 「ポイントカード」は無駄遣いの元凶

お財布のなかにやたらカードの多い方いませんか？　キャッシュカードにクレジットカード、はたまたポイントカードまで……。

お財布は、カード入れではないですよ。最低限にしてくださいね。

特に、ポイントカードがたくさんお財布に入っている方、要注意です！

ポイントカードがあればあるほど、無駄な買い物が増えてしまいます。ポイントのために無駄な買い物していませんか？

「あと2000円でダブルポイントですよ。何かお買い忘れのものはありませんか？」

これで、お買い物したことがある人も多いのでは？

実は私も若い頃、これにハマってしまって、いらないものを買っていました。結局使わないものや余分なものが多いのです。これぞ、お金の無駄使いなんですね。

ここのお店はこのポイントカード、ここのお店はこっちのポイントカード。

カードを使っているのではなく、カードに使われてしまいます。**カードに振りまわされていると物ばかり増えて、物欲は満たされても、心は満たされません。**

それでは、浪費が増えていくばかりですし、お金が貯まることはありません。

## 財布に入れるのは、クレジットカード1枚＋α

1章でもお伝えしましたが、以前お金持ちのお財布を見せていただいたとき、お金以外には、カードは1枚、ブラックカードしか入っていませんでした。

その方は、本当に欲しいものしか買いませんし、必要以上に物を買わないので、すべてがそれ1枚で賄《まかな》えるのです。

もちろん、ブラックカードじゃなくてもかまいません。

オススメは、ポイント付きのクレジットカードを「1枚だけ」持つことです。

クレジットカードでもポイントを貯めることができるものはたくさんありますし、何よりクレジットカードを1枚に絞ることで、あちらこちらと使うよりも実績がつきやすくなり、信用（クレジット）を貯めるスピードも加速します。

お財布に入れるカードは、クレジットカード1枚。

そして、プラスアルファでキャッシュカードなど必要最低限だけ入れてください。

それだけでお財布が身軽になり、財布の神さまが喜びますよ。

# 「Ｓｕｉｃａ」などの交通系カードを入れると、お金が居着かない

また、お財布には、「Ｓｕｉｃａ（スイカ）」や「ＰＡＳＭＯ（パスモ）」などの、交通系カードを入れないことです。

**交通系カードは、風水では「動」なので、お財布に入れてしまうと、お金が居着かなくなる**のです。また、「Ｓｕｉｃａ」や「ＰＡＳＭＯ」をお財布に入れると、駅の改札でお財布をバーンと痛めつけてしまうことになります。

そんなバーンとされるところに、財布の神さまは住みたくないのです。

財布の神さまに好かれるヒント

20

・ポイントカードは浪費を誘う
・財布に入れるカード類は必要最低限に
・財布を乱暴に扱う原因になるものは取り除く

# 021

# 毎日、「お財布ベッド」で休ませる

## お金を安定させる「お財布ベッド」

お財布は、日々のメンテナンスが大切です。

毎日、帰宅したらまずカバンから出し、「お財布ベッド」で休ませます。

お財布は、休ませると金運が上がります。

**お財布を休ませることで、お金を安定させることができ、お金が出て行きにくくなるのです。**

お財布も人間と一緒。休息が大事なのです。

お金＝あなただと思い、ぜひ毎日ゆっくり寝かせてくださいね。

## 「置き場所」「方位」はコレで決まり！

その際、お財布の「置き場所」「場所」にもしっかりとこだわることです。

**「置き場所」は、ご自身のベッドルームの、静かなクローゼットのなか、「方位」は北、北西がオススメです。**

昔から、お金は静かで暗いところが好きと言われ、北と北西が「財」を司っていた方位の場所だからです。

お金は寂しがり屋さんですから、1箇所に集めておくのが一番です。
昔はお金を保管する蔵がありました。お金は昔から1箇所に集めるのがいいのです。家じゅうのお金、通帳なども1箇所に集めることで、家計の管理も一緒にできます。お金や通帳を整理すると、お金の流れが抜群に良くなります（印鑑は別に保管してくださいね）。

## 「お財布ベッド」の作り方

また、「お財布ベッド」の作り方ですが、ベッドだからといって、布団はいりません。

オススメは、タンスの小さな「子引出し」のなかにスペースを作り、なければ、お財布を入れるケースを腰上より高い場所に置きます。

そして、ケースのなかに、キレイな布をひいてください。**キレイなレースのハンカチや袱紗（ふくさ）**なんかもおすすめです。

お財布を、タンスやケースのなかに**直に置かない**ようにします。

**布の色は、白や紫がオススメ**です。

白はリセットの色です。毎日使うものですから、白でリセットします。

紫は最高位の色です。素材も少し贅沢にするとご自身の「気」も上がります。

その上に、毎日カバンから出して置いてください。

そして、レシートや無駄なものを抜き、お財布のなかをキレイにします。

こうやって、**毎日お財布のなかをキレイにすることが、毎日を丁寧に生きることになります。**

毎日、お財布のなかにあるお金と向き合うことで、お金のことに敏感になります。

また、お財布をベッドで休ませ、メンテナンスすることで、あなたの心のメンテナンスにもつながります。
そんなあなたには、財布の神さまも微笑んでくれるのです。

財布の神さまに
好かれるヒント

21

・カバンから出すことで、お金を休ませてあげる
・財布は北・北西のクローゼットのなかで保管
・お金は1箇所に集め、財布は直置きしない

# 022

財布の神さまに
愛される
毎日のことだま
「ありがとう」

## 「ありがとう」は自分に返ってくる

財布の神さまに愛されることだま「ありがとう」。

朝起きて、会社に出かける人、学校に行く人、お家でお仕事している人、買い物に出かける人、食事に行く人――夜寝るまでに、何人の人と会いますか？ １日何回の「ありがとう」を言いますか？

コンビニで、駅の改札で、会社で、ランチのときに出先で、買い物先で、家にじっとしていても、宅配の人、Facebookやツイッターなど SNSやブログのなかでも、色々なシチュエーションで、「ありがとう」を言う機会はたくさんあります。

そんななかで、あなたは毎日どれくらいの「ありがとう」を言いますか？


**「ありがとう」は、すべてあなた自身に返ってくる「ことだま」です。**

だから、１日に意識的にたくさん言うことが大切です。

でも、それ以上にもっと大切なのが、心からの「ありがとう」が言えるかどうかです。

1日に1回でもいいのです。心からの「ありがとう」「ありがとうございます。とっても、助かりました」「ありがとうございます。とっても、美味しかったです」「ありがとうございます。いつもお世話になります」——。

**毎日、心からの「ありがとう」を1回だけでも言えれば、あなたの人生はドンドン好転していきます。**

「ありがとう」の「ことだま」が、愛もお金も引き寄せてくれるのです。

## お金に愛されている人は例外なく「ありがとう」を言っていた！

私はこれまで7千人以上の運命と、1万人以上のお財布を見てきました。その経験から言えることは、お金持ちの方、お金に愛されている方は決まって、お金を使うとき、お金を支払うときに、「最大のありがとう」を乗せていたのです。

言葉でもそうですが、お支払いをするときに、とっても丁寧なのです。

「ありがとう」は、ことだまのエネルギーなのです。お金を通して、エネルギー交換、エネルギーの循環をしているなら、「ありがとう」は不可欠なのです。
同じお金を使うなら、マイナスエネルギーを乗せるのではなく、「ありがとう」のプラスエネルギーを乗せることです。

## お金を使うとき、お金に「ありがとう」の「ことだま」を乗せる

そして、この「ありがとう」は、すべてあなたに戻ってきます。
お金を使うとき、支払うときに、「ありがとう」という「ことだま」をお金に乗せてみてください。

お金＝あなたです。

**お金に「ありがとう」の「ことだま」を乗せることは、頑張って稼いできたあなたへの「ありがとう」でもあるのです。**

逆に、投げやりな「ありがとう」は、あなたに対して投げやりな「ありがとう」な

んです。

ですから、お金を稼いだあなたに、旦那さま、パートナーに、親御さんに、たくさんの「ありがとう」と「愛」を乗せることです。

忙しいと、ついつい「ありがとう」を忘れてしまうことがあるかもしれません。

でも、忙しいと「心」を「亡」くします。

だからこそ、意識して、「心」を込めて「ありがとう」なんです。

そんなあなたを財布の神さまが、ほっておくはずがありません。

1日が感謝でいっぱいのあなたのことを、財布の神さまも心から愛し、「ありがとう」と言ってくれるのです。

そうすると、愛もお金もドンドン引き寄せられてくるのです。

### 財布の神さまに好かれるヒント 22

- 「ありがとう」は必ずあなたに返ってくる
- お金持ちは、お金に最大限の感謝をする
- たくさんの「ありがとう」でお金を引き寄せる

023

# 小さな借金はしない

## 「小さな借金」ほどクセになりやすい

財布の神さまに好かれるには、とてもシンプルで簡単なルールがあります！

それは、「小さな借金はしない」ということです。


小さな借金グセが、実はとっても曲者《くせもの》なんです。


「ランチ代、お釣りがないから、立て替えといて」

「コンビニで、ジュース買って来て、あとで払うね～」

「飲み会で、お釣りがない。今度払うね～」など――

小さな借金グセは、悪気がなくても、知らぬ間にあなたのまわりにマイナスエネルギーを溜め込んでしまいます。


**小さな借金グセが溜まれば溜まるほど、お金にも財布の神さまにも嫌われてしまうのです。**

小さな借金は、いわば相手からお金というエネルギーを奪っている状態。

当然、エネルギーを奪われると、相手にとってはマイナスになります。相手がマイナスになるということは、回り回ってあなたにもマイナスになるということです。


小さな借金という一見ささいなことでも、信用をなくしたり、人間関係がうまくいかない原因になります。

昔から「金の切れ目は縁の切れ目」と言います。ちょっとしたクセ、ささいな行動が、素敵なご縁を遠ざけてしまうのです。

**人生もお金も、小さなことからコツコツと**

でも、大丈夫。

今から、明日から、ささいなことに気をつけることです。

そして、**心当たりがあれば、ごめんなさいと謝ればいいんです。**

間違いや過ちは誰にでもあります。

毎日のことだからこそ、コツコツ積み上げると、信用と信頼と素晴らしいご縁ができます。ささいなことから、揺るぎない自信も出てきます。

人生もお金も、小さなことからコツコツと積み上げていくのが、一番の近道なのです。

そんなあなたの一挙手一投足を、財布の神さまはいつも見守り、応援してくれています。

財布の神さまに好かれるヒント

23

・小さな借金グセはマイナスエネルギーを溜める
・悪気のない小さな借金が、ご縁を遠ざける
・小さな借金をやめて、信用と信頼を積み上げる

卌

024

# 「へそくり」も厳禁

## へそくりすると、金運が下がる

71ページでもお伝えしたように、お金にも財布の神さまにも愛される方法の1つとして、「お金大好き宣言」がありました。毎日「お金大好き宣言」をすることで、金運はドンドン上昇します。

でも、たまに、「お金大好き宣言」をしても、金運が上がらない、お金に愛されない方がいます。

それは**「へそくり」**をしている方です。

パートナーに内緒で「へそくり」をしたり、お金の隠しごとをしていると、なぜか不思議なほどに、お金が回ってこないのです。

お金も財布の神さまも、**「オープンマインド」**が大好きです。オープンで心豊かなところに流れるのが、お金なのです。

人はお金があると安心し、安定します。

「（お金が）これだけある」とわかっていると、しっかりとした土台ができて、お仕事もうまくいきやすくなります。

結果として、人にもお金にも恵まれるようになるのです。

それが、へそくりや「こっそり貯蓄」（たとえもしものためであっても）をしていると、将来が不安で、心も不安定なのでストレスが溜まります。

そうすると、知らないうちに、無駄使い、浪費をしてしまいます。

ですから、**「オープンマインド」で、「これだけ貯まったよ、ありがとう」「こんなにお金が入ってきたよ、ありがとう」と、パートナーとお互いにお金の話をし、感謝し合う。**

そうすることで、ますます感謝の気持ちが溢れ、さらに愛もお金も呼び込むことになるのです。

## へそくりは「死に金」になる

そして、へそくりは「隠れたお金」だから、陽の目を見ないんです。縁起でもないですが、亡くなってから、へそくりが出てくるなんて話も聞いたことがあります。まさに「死に金」です。

それなら生きているうちに「生き金」として使う。

お金を貯めるなら、オープンに目的を持って、本当に使いたいとき、必要なときに使えるように、旦那さま、パートナーと一緒に「プラスのエネルギー」で貯めてくださいね。

財布の神さまに好かれるヒント

24

・財布の神さまは「オープンな人」が好き
・へそくりは、無駄遣い・浪費のもとになる
・お金はプラスのエネルギーで貯める

第5章

# 人生の波にドンドン乗れる財布の買い方、整え方

025

# 財布を買うのは、「縁起のいい日」に

## 財布の神さまも公認する「お金を呼ぶ日」

本章では、お財布を新しく買い、開運財布にするための秘訣をお伝えしていきます。

まず、お財布を買いに行く日は、「縁起のいい日」を選ぶことです。

**財布の神さまは、縁起のいい日、吉日が大好き。**

「何かいいことありそうだな〜」「何かワクワクしそうだな〜」

そう、縁起を担ぐのです。財布の神さまは、縁起を担ぐ人を応援したくなります。

縁起を担いで、成功している人もたくさんいるのです。

世間一般に知られている**「大安吉日」**から、最近皆さんもよく見る**「一粒万倍日」**まで、日本には、古来から素晴らしい日がたくさんあります。

特に「一粒万倍日」の日は、宝くじ売り場にも「最高吉日です！」と書かれていたりします。

具体的に言うと、**「一粒万倍日」**が毎年、約60日前後。**「天赦日」**が毎年5〜6日。**「巳の日」**が毎年24〜25日。**「寅の日」**が毎年30日前後。**「大安吉日」**はだいたい6日ごとに……。

すごいでしょう。こんなにいい日があるなんて知っていましたか？

そう、この「一粒万倍日」「天赦日」「巳の日」「寅の日」「大安吉日」すべてが、暦の上で、神さまが応援してくれる開運日なのです。

お財布を買ったり、お金を下ろしたりするのはもちろん、縁起のいい日を知り「今日はいい日だ！」と思うだけで、あなたの運はぐーんと好転するのです！

## 運が最高潮に上がる日を一気に紹介！

それでは、皆さんおなじみの「大安吉日」以外に運が上向きになる日を、1つずつ解説していきましょう。

・**一粒万倍日**

「いちりゅうまんばいび」もしくは「いちりゅうまんばいにち」と読みます。

たった一粒の籾（もみ）が万倍にも実り、素晴らしい稲穂になるということを表しており、大安と並ぶ吉日です。

ただし、**借金をしたり人から物を借りたりすることは、苦労の種が万倍になるので凶とされます。**

**＊一粒万倍日にオススメの行動**

お財布を買う、お財布をおろす、銀行口座の開設、新しいことをする、結婚、入籍、引っ越し、起業など

・**天赦日**

「てんしゃにち」もしくは「てんしゃび」と読みます。

「天赦日」は、天がすべての罪を赦《ゆる》す日とされ、日本の暦の上で最上の吉日とされています。

**年に5回から6回しかない貴重な開運日**で、新しい何かをスタートさせるのには絶

好の日です。

**＊天赦日にオススメの行動**

お財布を買う、お財布をおろす、銀行口座の開設、新しいことをする、結婚、入籍、引っ越し、起業など

**・巳の日**

弁財天（べんざいてん）という芸術・財運を司る神さまに縁のある日です。

巳（み）とは蛇《へび》のこと。その巳の日に、弁財天の化身である白蛇にお金にまつわるお願いごとをすれば、その願いが弁財天に届けられ、成就すると言われており、**金運・財運に縁起のいい日**です。

**＊巳の日にオススメの行動**

お財布を買う、お財布をおろす、銀行口座の開設

**・寅の日**

**最も金運に縁がある日で、金運招来日**と言われています。

虎は「千里行って千里戻る」というように、虎が、1日のうちに千里もの距離を行き、さらに千里戻って来ることができる、という由来から、出て行ったお金を呼び戻してくれると言われています。

**＊寅の日にオススメの行動**
お財布を買う、お財布をおろす、銀行口座の開設、投資、投機

この4つの日のいずれかに、お財布を新調、おろします。

## 宇宙を味方につける「最強のお財布日和」とは？

もし可能なら、先ほど紹介した4つの日のうち、2つ以上の日が重なる「**最高吉日**《さいこうきちじつ》」の日に新調することをオススメします。
「最高吉日」は、お財布を新調する以外にも、新しい物事を始めるのに絶好の日なのです。

さらにオススメが、**「最高吉日」と「新月《しんげつ》」が重なる日**です。

「新月」とは、「満月」とは逆で、地球から見て月と太陽が一直線に重なりあって、見えなくなる状態です。このときに宇宙の結界が解き放たれ、「最高のお願いタイム」に突入すると言われています。

そんな、宇宙を味方につける日と、「最高吉日」が一緒の日は、絶好のお財布日和なのです。

1年に数回あればいいほうなので、出会えたあなたは超ラッキーかもしれません。

## 財布をおろすなら、この日だけは避けなさい

1週間のうちでお金をおろすのは、お金の日「金曜日」が最適です。

**火で燃やす「火曜日」はあまりおススメできません。**

これは、お財布も一緒です。

火曜日にお財布を新調するのは避けることです。

お財布をおろすなら、これまでご紹介してきた最高に運気が上がる「縁起のいい日」にしましょう。

お財布、お金ごとすべては、縁起を担ぐことが大切です。「ご縁を結ぶご縁玉（5

円玉)」と言われるように、日本古来から縁起を担いできたのです。

縁起とは、「縁」を「起」こしていくことです。縁を起こすことで、縁を動かすことができます。縁は人を、人は仕事を、仕事はお金を運んできてくれます。

**ご縁を起こすことが、ご縁をドンドン循環させるのです。**

すべては循環から始まります。その循環を始める日こそ、一番大事なのです。

そうそう、神輿《みこし》を担ぐ本当の意味は、神さまの魂を揺り動かして、パワーをいただくものなのです。縁起を担いで、あなたも人生の好転する波に乗りましょう！

財布の神さまに
好かれるヒント

25

・財布の神さまは「縁起のいい日」が大好き
・財布を買うなら、「最高吉日」がベスト
・「金曜日」はお金をおろす最適な日

026

# 「富喜の高い」場所で買う

## 土地のエネルギーが高い場所がオススメ

財布の神さまに好かれるためには、お財布を買う場所も大切です。

同じお財布を買うなら、〝富喜《ふうき》〟の高い場所がオススメです。

富喜の高い場所とは、文字通り、〝富める喜びの多い〟場所です。

富喜の高い場所は、神さまにとっても居心地がいい場所です。そんな場所は、神さまに守られていますし、商売が繁盛しやすいのです。

では、富喜の高い場所とは、具体的にはどのような場所を言うのでしょうか？

ズバリ、**土地のエネルギーが高く、吹き出ている場所です。**

簡単に言うなら、土地単価の高いところ、一等地にあたります。

たとえば、東京では銀座、大阪では梅田です。

私は20代の頃、大阪・梅田の阪急百貨店に勤めていました。

当時はバブル期でしたし、大阪の梅田も富める場所ですから、お金が空を飛ぶくらいの勢いでした。当時でも、1日1万人以上のお客さまが来ていたと思います。今も変わらず、大阪・梅田の阪急百貨店は、平日でもすごい混み具合です。

そして、やっぱり吹き上げるような富喜のパワーが最高にある場所の1つです。

## 富喜の高い場所は「おもてなし」の心を大事にしている

東京の銀座では、なんといっても、松屋さんがものすごいパワーがあります。

それには、ある秘密があるのです。

その1つが、現生利益を手にしなさいと、お教えのお不動さま（龍光不動尊）が屋上に祀《まつ》られていること。

そして、もう1つが、1階フロアの天井四隅にある「四天王の梵字（ぼんじ）」です。持国天、広目天、増長天、多聞天を示す梵字が東西南北を守っているのです。

ズバリ、神さまに守られているのです。神さまに守られている場所は、商売が繁盛しやすく、エネルギーの高い、富める場所でもあります。


**どうせお財布を買うなら、そのように運気のエネルギーがいっぱいあふれた場所で買うことです。**

そして今回ご紹介した、大阪・梅田、東京・銀座の富喜の高い場所には、どちらも共通点があります。

それは、日本古来の「おもてなしの心」を大事にされているという点です。

財布の神さまは、「おもてなしの心」が大好き。

ですから、**お財布を新調するなら、「おもてなしの心」にあふれたお店で買うのが一番なのです。**

日本各地にも、富喜の高い場所はたくさんあります。あなたが感じる「おもてなしの心」があるところはきっと、富喜の高い場所ですよ。

ぜひそのような場所でお財布を買い、人生繁盛、ミラクルを起こしてくださいね。

財布の神さまに
好かれるヒント

26

・財布を買うなら、運気があふれた場所で
・東京なら銀座、大阪なら梅田がオススメ
・「おもてなしの心」を大事にして、人生繁盛！

## 027

# アウトレット、バーゲンは「NG」

## 色んな人が触って〝邪気〟がついている可能性も

お財布は神さまが宿る神聖なものです。

だから、アウトレット、バーゲンで買うのは「NG」です。

アウトレットやバーゲン品だと、**色んな人の手に触れていて、「欲しいのに買えない」「お金がないから売った」などの〝邪気〟がついている可能性もあります。**

ですから、同じ買うなら、お財布に直接触れないように手袋をしてくれて、丁寧にお財布を扱っているお店で買うのが一番です。

## 新品でまっさらな財布を買う

お財布は、新品のものを買いましょう。

もしまっさらのお財布があれば、それを出していただくとよいでしょう。**まっさらなお財布は、神さまが住むのに最適だからです。**

もし、まっさらなお財布がない場合は、真っ白なハンカチや布で、一度きれいに拭くといいです。

そして、160ページでお伝えするように、買ったあとは、塗香《ずこう》を少しお財布にふりかけてお清めしてくださいね。

それが、財布の神さまをお迎えする最初の一歩です。

財布の神さまに好かれるヒント

27

・財布を丁寧に扱っている場所で買う
・財布は新品が一番
・買ったあとは、お清めがマスト

## 028

「長財布」と「二つ折り財布」、財布の神さまが好きなのは、どっち？

## 財布をお尻の下に敷くのは厳禁

「長財布」か「二つ折り財布」か？

どちらがいいか、悩みますよね。

逆にどちらが、運気を下げる財布でしょうか？

二つ折り財布と言いたいところですが、二つ折り云々よりいけないことがあるのです。


それは、**「お財布をお尻の下に敷くこと」**です。

お財布をお尻の下に敷くということは、お金をお尻の下に敷いているということ。

これ、すなわち、あなた自身をお尻の下に敷いてるんです。

お財布に入っているお金は、あなたが、旦那さま、パートナーが、親御さんが稼いだ分身のようなものです。それをお尻の下に敷くなんて、あなた、旦那さま、パートナー、親御さんをお尻の下に敷いているということなんです。

お金は自分が稼いだ、ご自身の分身。だからこそ、大切にしたほうがいいのです。

お仕事の都合上、長財布を使うことがどうしても難しい、という方は仕方ないですが、決して大切なお金をお尻に敷くのだけはやめてくださいね。あなたの価値を、あなたの存在を、お尻に敷いているのと同じなのです。

二つ折り財布でもいいので、まずは、お尻に敷かないことから、始めてみてくださいね。

## 「長財布」が断然オススメ。「小銭入れ」は別に持つ

基本、お財布は長財布がオススメです。お札を折らないだけでなく、よりいっそうお金を大事にするからです。つまりは、あなた、旦那さま、パートナー、親御さんを大事にするからなんです。

昔からある「道中財布」も長財布と形が似ており、お金を敬い、大切に扱うためのものです。巾着から出す人は小銭、道中財布から出す人は小判というように、昔から、お金とお財布の関係ははっきりしているのです。

**小銭入れと長財布は分けて使う**。

これが本来のお金の使い方です。昔々からの教えなんですね。

それに、風水の「木」「火」「土」「金」「水」では、お札＝「木」、小銭＝「金」であり、「金剋木《きんこくもく》」といって、「金」（＝小銭）のエネルギーが「木」（＝お札）のエネルギーを弱める関係になります。ですから、お札と小銭を一緒に入れるのはやめましょう。

また、**長財布と小銭入れを別々に持ち、使い分ける意識をすることで、お金に意識が向き、金銭感覚がしっかりします。**何より、お財布に小銭をパンパンに入れていると、見た目もスマートではないでしょう。

財布の神さまは、お金を大事にする人が大好き。だからこそ、長財布と小銭入れを使いこなして、お金と丁寧に付き合いましょう。

財布の神さまに好かれるヒント

28

・お金＝あなたの分身。お尻に敷くのはＮＧ
・お札を折らないためにも、長財布がオススメ
・長財布と小銭入れは分けて使う

029

# 革製品で、財布の神さまのパワーが倍増する

## やっぱり財布は革が一番

革製品で「パワーは倍増」します。

**生き物には、パワーが宿るのです。**

お洋服で、ウール100%やカシミヤ100%は暖かいけれど、アクリル100%では暖かくないですよね。

今は、化学が発達していて、暖かい合成繊維も出ていますが、何より天然の生命力は素晴らしいということです。

お財布にも、蛇、牛、羊、オーストリッチ（ダチョウ）など、天然のパワーをいただくことをおすすめします。

## ビニールは、財布の神さまも苦手

逆に、ダメなのは、ビニールのお財布です。

**ビニールは、風水でいう「火」にあたります。**

風水にある、「木」「火」「土」「金」「水」のなかで、「火」はお札である紙幣を燃やすと言われています。

144ページでもお伝えしたように、「火」の火曜日にお金をおろしたり、財布を買ったりするのもいけません。

財布の神さまも「火」は苦手ですし、お金に関することは、この「火」に気をつけることが大切なのです。

ぜひ、お財布を選ぶときには、素材にも気をつけてくださいね。

財布の神さまに
好かれるヒント

29

・革製品の「天然パワー」をもらおう
・ビニールの財布はNG
・財布の神さまのためにも、「火」には気をつける

# 030

# 財布を買ったら、まずは塗香をふりかけ、浄化する

# 新しい財布をお清めする方法

お財布を新しく買ったら、まずは、塗香《ずこう》を少しふりかけます。

ほんの少しでいいです。

塗香とはいい香りがする粉で、お清めや心身の浄化、邪気を払う効果があります。

**いい香りをまとうと、人はいい気分になるものです。いい香りをまとうと、全身にこびりついたマイナスエネルギーも浄化され、ポジティブになれます。**

いい香りには自分もまわりも元気にするすごい力があるのです。

ですから、お財布にいい香りがするものを入れると、金運・仕事運が良くなるというのも当然なのです。

戦国時代の武士も、塗香を使っていたそうです。

清い、混ざり気のない香りは、勝負に勝つという意味も込められ、神さまに対しての礼儀なのです。

## 塗香で神さまが宿る財布になる

お財布もお金も、塗香で清め、いい香りをまとわせることで神さまに愛されます。

**お金を銭洗弁天に持って行かなくても、お札や小銭にふりかけ、いい香りをまとわせるだけで、お清め効果があります。**

私が、開運財布講座に来ていただくお客さまに、ご祈祷済み塗香をお渡ししているのも、そういう理由です。

いい香りは、お金にも財布の神さまにも愛されるためのエチケットなのです。

財布の神さまに好かれるヒント

30

・いい香りのする財布は金運・仕事運を上げる
・塗香で清めることで、財布の神さまに愛される
・いい香りは神さまに対するエチケット

# 031

使う前に、
新札100万円を
21日間、
財布に入れて寝かす

## 大金が入っている状態を財布に覚えさせる

お気に入りのお財布を買ったあとは、すぐに使いたくなるものです。

ですが、ちょっと待ってください。

お金にも財布の神さまにも愛されるお財布にするためには、「仕込み期間」があります。

すぐに使えないのは残念ですが、ここはぐっと我慢してくださいね。

お財布を買い、塗香でお清めも済ませた。

次は、「100万円分の新札」を用意してください。

**「初期設定」として、新しいお財布にクセをつけるためです。**

新札だと100枚入りますので、なるべく1万円×100枚の「100万円」がいいのですが、「100万円なんて用意できない！」という方は、千円札×100枚の「10万円」でもかまいません。「いやいや10万円でも100枚は大変なんだけど……」という方は、20枚でもかまいません。

とにかく、あなたが**「いつも入っていると嬉しいなぁ」という金額**を入れてください。財布にお金がいっぱい入っている状態が当たり前の状態として、財布に覚えさせるのです。

いくらブランドもののいいお財布を買っても、中身がなくては、お金にも財布の神さまにも愛されません。

だからこそ、この「初期設定」で、お金がある状態をクセづけるのです。

## お札を「逆さま」に入れ、お財布ベッドで21日間寝かせる

新札100万円を用意するときは、140ページでご紹介した「縁起のいい日」に新札でおろしてくださいね。

そして、おろした新札は、塗香を一振りしてお清めしたあと、財布のなかに「逆さま」に入れます。

その後、お財布ベッド（120ページ参照）で、21日間以上寝かせます。人間と一緒

で、21日続けたことは習慣になるからです。

21日間、お金がたっぷり入っているお財布、愛おしくありませんか？

きっと、「100万円もの大金を新札でお財布に入れておくなんて、初めてだよ～」と、ドキドキする方も多いでしょう。お財布のことがいつも気になり、1日中意識することになるはずです。

そして、100万円もの大金があるという「安心感」と、それを運んできたあなた自身の価値を強く実感できるのです。

そうすると、お財布と「一体感」を感じるようになり、ものすごくお財布を大事にするようになります。結果として、お金も大事にするようになるのです。

ぜひお財布の仕込みをして、100万円の「初期設定」をしてくださいね。

## 「種銭」がお金の花を咲かせる

「初期設定」の100万円は、いわば「種銭」です。

**花にもタネがあるように、お金にも、お金の先の花を咲かせる種銭があります。**

「人生が開花する」という言葉の通り、種銭がたっぷりで財布の神さまが宿った財布は、「人生の花」も咲かせてくれます。

そして、もう1つの「種銭」が小銭です。

**ご縁を結ぶ5円玉。5円玉の穴にリボンを通した「ご縁玉」を作り、小銭入れのなかに入れます。**

ご縁は、お金とのご縁もありますが、まずは、人とのご縁から始まります。

昔からの習わしで、人間関係、お仕事関係のご縁をいただくために、「ご縁を結ぶ」と言われています。

結び目は、しっかり結んでください。結びきりと言って、ご縁をしっかり結ぶ意味が込められています。細めのリボンなどを使います。

ご縁が汚れてはいけないので、リボンが汚れたり解けたりしたら変えましょう。

いいご縁を結ぶ、昔からのおまじないです。

## 新札は1カ月に1回は交換する

財布のなかの新札は、なるべくなら1カ月に1回は交換して、パワーの充電をしてください。

お財布の中身を新札で揃えておくと、もし何か急にお金のご入り用があっても、慌てずに事が足ります。結婚祝いや急な相手先のお祝いごとに駆けつけたとき、新札がスーッと用意できていると、あなたの信用もぐーんと上がります。

**目に見えないところの気遣い、心遣いのできる人は、同じお金を使っても、お仕事、人付き合いで信用をいただけるんです。**

この信用が、お金以外のタネになるのです。お金の先の花が咲くタネなのです。

財布の神さまに好かれるヒント

**31**

・「お金がいっぱい入っている状態」を覚えさせる
・21日間新札をたっぷり入れて、財布と一体に
・定期的に新札に交換して、パワーを新たに蓄える

第6章

# ケース別！幸運を引き寄せる財布の選び方

# 032

# 赤字経営になりやすい経営者の財布

# 赤い財布、派手な財布に要注意

ドンドン稼いでいるのに、ドンドンお金が出ていく経営者さま。

ドンドン稼いでいるのに、全然貯まらない起業家さん。

稼いでも稼いでも、出る出る出る出る……。

どうしてなのか？

それはお財布に原因があります。


稼ぐ人、お仕事で成功する人って、皆さんパワーが絶大です。

そして、けっこう赤色の財布や、派手なお財布がお好きなんです。

稼ぐ人、お仕事で成功する人は、パワーがあるゆえに、赤を選んだり、派手なお財布に目が行きやすいのです。

赤のパワーに負けないくらいドンドンお金を稼ぐから別にいいのですが、お金の出費も多い傾向があるのも事実。だから、稼いでも稼いでも、貯まらない貯められない方が多いのです。

## 赤は財布以外のものか、小銭入れで使う

人は、赤いものや派手なものに、興奮、高揚します。

単に、「赤の財布は赤字の財布」なんて、思っている方も多いですが、人間の本能なんです。牛が赤を見て、猛進するみたいに人間も一緒なんです。だから、仕方ないんです。

人に奢《おご》っちゃう人も、赤や派手なお財布がお好きな方が多いです。

よく言えば、太っ腹なんですが、必要以上だと、経営にも影響が出ちゃいます。

**ワクワクはいいのですが、心のワクワクではなく、お金を使うワクワクが勝ってしまい、お金が貯まらないことになりやすいのです。**

パワーが欲しいときに赤を使うなら、お財布以外のもので、ワンポイントだけ使うことをオススメします。お金を貯めたい方は、とくに控えめにしましょう。

**どうしても、赤や派手なお財布を使いたい方は、小銭入れで使うのをオススメしま**

**す。**もちろん、すごく稼いでいて使うのが大好き、お金を使うのが趣味、という方は、そのままで大丈夫です。

余談ですが、**下着に赤がいいのは、内面から働きかける効果が高いから**なのです。

身体に近い下着は、内からパワーを与えるためなんです。

赤は冷えにいいと言われています。「火」で燃えますから、冷え性の方にはオススメです。

とにかく、赤のお財布、派手なお財布は興奮、高揚しますから、なるべく避けることです。

財布の神さまに
好かれるヒント

32

・赤のパワーに惹かれる人は、浪費家の傾向アリ
・お金を貯めたいなら、財布以外で赤を選ぶ
・赤や派手な色は小銭入れならOK

033

# 女子起業家の
# お金が貯まらない
# 財布

## 財布は２つ持ちなさい

今、空前の女子起業家ブームです。

好きなお仕事をして稼ぐ、趣味からお仕事への発展と、パワーあふれる女子起業家さんたちがとっても多いです！

そして、とっても多いお悩みがこちらです。

「稼いでも稼いでも貯まらない」「右から左に出ていく」「活躍してるわりに手元に残らない」などなど——。

これには、簡単な解決法があります！

それは、お財布を２つ持つことです。

経理をしっかりしている、経理を任せてお給料をもらっている方は別ですが、そうじゃない方は、**お仕事用とプライベート用、２つの財布を持ってください。**

お客さんから直接いただくそのお金をそのままお財布に——なんてこと、ありませんか？

銀行振り込みもそうです。ちゃんと分けていますか？

これ、基本ですが、抜け落ちている方が多いのです。そして、お金がどんぶり勘定なんです。

だから、まず、お財布を分ける。お仕事なのか、プライベートなのか、ここがとっても大事です。

意外と知らないで、普通にやっている方が多いのです。確定申告であわてないためにも、公私混同させない。

そうすることで、目の前の収支がわかり、どんぶり勘定から脱出することができます。

## 税金は最高の恩送り

お金はしっかり分ける、公私混同しない。そして、稼ぎたい、売上を上げたいなら、税金を払うための〝ウキウキ貯金〟をつくることです。

悲しいかなぁ〜。税金にマイナスイメージを持っておられると、お仕事はなかなか成功しません。

**税金、これは自分を、親を、そして人を助ける、ありがたいお金なのです。**

今でこそ、道があって当たり前、信号があって当たり前かもしれません。でも、昔をさかのぼると、先人が作ってくれたものです。

これは、税金という形ですが、立派な「恩送り」になります。この恩を送る人を、財布の神さまは必ず応援してくれるのです。

財布の神さまに好かれるヒント

33

・仕事用とプライベート用の財布を用意する
・財布を分ければ、公私混同しない
・税金を払うための〝ウキウキ貯金〟をつくる

034

# 「人間関係を良くしたい！」あなたにオススメの財布

## この色が「ご縁」をドンドンつなぐ

人間関係を良くしたい、つながりを大事にしたいという人にオススメの色、ご縁を結ぶ色があります。

それは、緑色です。

「緑」の字、「縁」と似ていませんか？

そうなんです。**「緑」は、ご縁を結ぶときに必要な色なんです。**

緑は、中和の色。中庸を保ってくれる色です。

中庸＝フラットな人は一緒にいて居心地がいい人です。

中和、中庸の心があれば、ご縁はドンドンつなげていけます。

緑のなかでも、**モスグリーンや深い緑はご縁を深く、黄緑色は広いご縁をつなげていきます。**

## 衝突も「中和」してくれる

これは156ページでもお伝えした風水の「五行」である「木」「火」「土」「金」

「水」で考えると、よくわかります。

ご自身にもしパワーがあるのに、ご縁が少ない、ご縁に恵まれない、というなら、「水火激突」を起こしている可能性があります。

「水火激突」は「水」のパワーと「火」のパワーが激突している状態です。どちらもものすごいパワーがある分、激突すると、そのパワーが半減するんです。

それをやわらげ、ご縁を結ぶために、「水」のパワー、「火」のパワーを中庸にするのが、緑が持つ「木」のパワーです。「木」のパワーは、「五行」のなかでも、「水」のパワーと「火」のパワーを中和する役目があるのです。**「水」のパワーと「火」のパワーを中和することで、縁をドンドンつなげていくことができます。**

ですから、お財布の色は、迷わず「緑」をオススメします。

財布の神さまに好かれるヒント

34

・「緑」が「ご縁」を結んでくれる
・モスグリーンや深い緑は、ご縁を深くしてくれる
・黄緑色は広いご縁をつなげていく

035

# 「仕事運を上げたい！」あなたにオススメの財布

## 上質な革の財布がオススメ

仕事運を上げたい、ビジネスを成功させたい方にオススメなのは、やっぱり上質な革のお財布です。蛇やオーストリッチ（ダチョウ）なんかもオススメです。

これまで、1万人以上のお財布を見させていただきましたが、成功している方で、お財布がクタクタの方にはお会いしたことがありません。

お財布は、家でありご自身の器であると、おっしゃっていた会長さまもいらっしゃいました。それくらい、お財布は仕事運、ビジネスの成功に関わってくるのです。

## 仕事運は「ツヤ」で決まる

**お仕事が成功されている方ほど、ツヤツヤのキレイなお財布を持たれています。**

人相学でも、顔がツヤツヤだと仕事がうまくいくと言われています。お財布でも、色より、ツヤが大事なのです。男性ならツヤのあるコードバン（馬）の革もオススメです。会社社長さまやトップの方は、ブランドに限らず、ツヤのあるいい革のお財布を持っている方が圧倒的に多いのも事実です。

女性なら革にコーティングされているものもOKです。もちろん、ツヤツヤな革ものもOKです。

ビジネス、仕事運には、ツヤなのです。

## 色は安定の「黒」、財を増やす「こげ茶」で

色は、ビジネスを安定させる黒。財を増やすこげ茶もオススメになります。また、高貴で気品のある紫の濃い色はトップにふさわしい色です。

上質で上品なお財布に巡り会うと、とてもラッキーかもしれませんよ。

財布の神さまに好かれるヒント

**35**

- 財布は仕事運、ビジネスの成功に関わる
- ツヤのある、上質な革ものがいい
- 上品な色、黒、こげ茶、濃い紫がオススメ

036

# 「金運を上げたい！」あなたにオススメの財布

## 色は金銀がベスト。ラメ入りで上品なものを

金運というと、黄色と思われがちですが、オススメは、ゴールドとシルバーです。

やはり、金銀にまさるものはないのです。

そして、違う色でも**ラメが入っている上品なものはオススメ**です。

素材はやはり、革がオススメです。

そして「お金を貯めたい！」「増やしたい！」というあなたにオススメの色、それは、茶色かこげ茶です。「土」の色ですね。

風水の「五行」の1つである「土」の色を使うことで、お金を増やす作用がありまます。

財布の神さまに
好かれるヒント
36

・金運を上げるなら、やっぱり金銀
・ラメが入っているもの、革製品もよい
・お金を貯めたい人は、茶色かこげ茶がオススメ

037

# 「人生のステージを上げたい！」あなたにオススメの財布

## 「白」のパワーを利用して、心機一転！

人は、生活してる上で、頑張ったなぁ、変わってきてるなぁ、今までと違う、今までと変わるなんて、思うことありますよね。

そんなときにオススメの色があります。

それは、白、ホワイトです。

アイボリー、ペールホワイトなんかもいいですね。

白は、はじまりにとてもいい色です。

そして、身が引き締まります。

白の色のパワーには、リセット効果もあります。**リセットしたいことがあるなら、心機一転の白はとってもオススメです。**

日本の伝統的な婚礼衣装も白無垢です。結婚はある意味、新しい人生の始まりでもあります。

白は、新しい旅立ち、新しいステージ、新しく変わるんだというあなたにぴったりの色なのです！

白は無垢でどんな色にも染まります。白からあなた色に染めるなんて、素敵ですよね。白という色は、お財布ではなかなか選ばない色だからこそ、ステージアップ、ステージチェンジにも最高なのです。

## ステージアップのサイクルも加速する

特に白は汚れます。白は目立ちます。白は〝純真無垢〟なのです。だからこそのパワーもあります。

汚れやすいので、お財布の交換サイクルも早いです。その分、あなたがステージアップ、ステージチェンジをするサイクルも早くなるのです。

財布の神さまに好かれるヒント

37

・白は心機一転にぴったりな色
・〝純真無垢〟だからこそのパワーがある
・白い財布でステージアップも早くなる

# おわりに

人生が好転するとき、未来が加速し出すとき、それは、財布の神さまが、「あなたのなかにいる神さま」だと気づくときです。

お金＝あなた、お財布＝あなたの家（器）です。お金を大事にすること＝あなたを大事にすること、お財布を大事にすること＝あなたの家（器）を大事にすることなのです。ですから、お金もお財布も、大事に扱えば扱うほど、お仕事も人生も未来もドンドン開いていきます。

そして、財布の神さまと仲良くすることは、自分自身の価値に気づき、「あなたの器」を磨くレッスンでもあるのです。

もししんどくなったら、あなたのお財布に住む神さまを思い出してくださいね。

あなたはいつも守られているのです。あなたはいつも応援されているのです。

あなたの人生が好転するのを、心よりお祈りしております。

浅野 美佐子

本書をお読みくださったあなたへ

# 感謝の気持ちを込めた「無料プレゼント」のご案内

本書をご購入くださった読者のあなたへ、
著者である浅野美佐子より、感謝の気持ちを込めて
無料プレゼントを用意いたしました。
ぜひ、ご活用ください。

プレゼント内容

## 財布の神さまが教えてくれた愛とお金の法則（音声）

人生がドンドンうまくいくワーク 付

詳細は下記よりアクセスください。→

http://www.agentpub.jp/asanosaifu/

※特典の配布は予告なく終了することがございます。予めご了承ください。
※音声はインターネット上のみでの配信になります。予めご了承ください。
※このプレゼント企画は、浅野美佐子が実施するものです。
プレゼント企画に関するお問い合わせは
「https://unki-up.biz/」までお願いいたします。

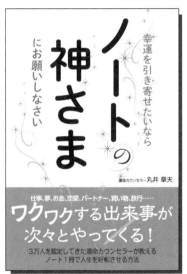

［著者紹介］

**浅野 美佐子**（あさの・みさこ）

愛もお金もぐんぐん引き寄せちゃう開運コンサルタント。

過去、外資系化粧品メーカーに11年、生命保険大手の日本生命に5年間勤務し、いずれもトップセールスを記録。

その後、2003年から運命鑑定を開始。算命学14年、タロット8年風水本命掛8年、手相12年、密教25年と長年に及ぶ鑑定と潜在意識の学びに基づき、15年で7千人以上の運命を鑑定してきた実績を持つ。

過去のセールス時代と鑑定を通じて、1万人以上の財布を見てきた経験から、成功する人、人生を豊かにできる人の共通点は「財布」にあると発見する。

現在は、財布の選び方、使い方から、金運だけではなく人生を飛躍的に好転させる「開運財布講座」をはじめ、運気と潜在意識を使って自分史上最高の未来を創るためのエッセンスを多くの人に伝えている。鑑定予約がなかなか取れない人気コンサルタント。

✦浅野美佐子オフィシャルサイト
https://unki-up.biz/

✦愛もお金も引き寄せる「開運ブログ」
https://ameblo.jp/amigo-uranai/

愛もお金も引き寄せたいなら
**財布の神さまと仲良くしなさい**

2018年4月18日　第1刷発行

著　者　浅野 美佐子
発行者　徳留 慶太郎
発行所　株式会社すばる舎
〒170-0013
東京都豊島区東池袋3-9-7 東池袋織本ビル
TEL 03-3981-8651（代表）
03-3981-0767（営業部）
振替 00140-7-116563
http://www.subarusya.jp/
印　刷　中央精版印刷株式会社

落丁・乱丁本はお取り替えいたします

ISBN978-4-7991-0687-7